Un escape a los sueños

Luis Carlos Pabón Padilla

Los colores del deseo, la fuerza en la entrega, al igual que en la palabra se evidencia en "Demencia o Realidad". Un recorrido mágico en el que Luis Carlos Pabón Padilla, inicialmente nos acerca a ese niño que compartió su infancia, pero a su vez nos aproxima a la responsabilidad que implica ser poeta, ese pequeño ser que todos llevamos dentro, a quienes algunos le permiten surgir a través de la palabra escrita, mientras otros le dejan extraviar en el inexplicable "universo de la mente".

Huir al mundo irreal, inventar locuras, sentir, apropiarse de los recuerdos, cabalgar entre lo real y lo disperso, es la propuesta a la que nos invita este libro en el que en cada línea se encuentra un pedazo, un trozo de las vivencias que en algún momento todos experimentamos y que ahora podemos repetir en la forma poética en que aparecen ante nuestros ojos, gracias al esfuerzo de este joven autor.

Dejarnos contagiar por la "calidez del mar, de las calles, la alegría del baile. Descubrir el hilo que hilvana lentamente los segundos fugaces. Ser prisioneros voluntarios de los cuerpos que amamos", es una tentación en la que se sucumbe al acariciar cada una de estas páginas que nos atrapan de principio a fin, estableciendo un planteamiento profundo ante la "Demencia o la realidad" que a diario vivimos y que es plasmada en cada una de las frases del autor que están resaltadas entre comillas en esta página y que se desbordan en un cúmulo de sentimientos a lo largo del presente libro que tengo el placer de invitarles a leer.

MARÍA TRINIDAD QUINTERO LINDARTE

Directora de la Fundación Huellas Caribeñas y del taller Huellas Juveniles Literarias.

Un día la realidad nos mostrará que el hombre siempre ha actuado con demencia y su poca cordura ha estado cuando levanta la vista al cielo y se refugia en el ser maravilloso que ha dado al universo existencia.

Luis Pabón.

Edición 2014

ISBN: 9 789584 649621

Editado por: **Luis Carlos Pabón Padilla**

Foto portada: **Mitchell Narváez**

www.lkpoems.jimdo.com

www.facebook.com/luispabonpa

Dedicatoria

A todas las personas que Siempre han creído en mí y han sido carbón y tinta sobre el papel que guarda cómplice de mí estas líneas que inmortalizan cada momento de la vida…

A mi madre quien es más que luz, la razón por la cual nunca he dejado de escribir.

Agradecimientos a

Mitchell Narváez por la fotografía para la portada del libro y por todo su tiempo para que esto hoy sea una realidad, a **María trinidad Quintero** quien siempre me impulso desde niño a creer que un día podría ser un escritor, **Luigi Pérez** por su motivación y palabras de ánimo cuando más se han necesitado y todos los que hoy tienen este libro en sus manos.

NDICE

INSOLENCIA

A:

J.M.P.P

Siempre en silencio muerdo mi lengua para no proferir insultos…

Te veo de niña y cargo contigo muñecas tejidas con sonrisas.

Cambio pañales mágicos a tu colita bañada con atardeceres.

Tomo tu mano en los primeros pasos, mientras, tú turuleta te apoyabas de cualquier cosa extraña para equilibrar tu tierno y frágil cuerpo.

Aún recuerdo el balbuceo de tu inexperta lengua intentando pronunciar mi nombre.

¡Aún...!

Me despierto y la basta realidad dictada por dioses ajenos, dioses extraños,

seres que no comprendo borra lo único que he compartido contigo ángel distante de mis días mágicos.

¡Los sueños!

EL POETA...

Que fortuna es llevarte fusionado poeta,

dejarte aflorar en esta selva de irrealidades.

Un día dejaré tu nombre en alto.

Quizá cuando no esté alguien descubrirá que me habitaste,

que deje tus huellas plasmadas en algún papel y pronuncie tus sueños en algún lugar…

¡Qué responsabilidad es llevarte poeta!

Es designio de dioses, tal vez magos o simple ruleta del destino que no permite un silencio profundo encontrando el elevado lenguaje de las letras.

¡Ay poeta! ¿Qué hubiese sido de este caminante sin tu mundo existente en el universo de mi mente, de la memoria?

UALIDAD

A veces nublo mi mente y huyo a un mundo donde nada es real, invento locuras dedicadas a construir pensamientos cuerdos…

A veces dejo de ser

Y soy quien no conozco,

Soy duende y zombi

Entonces me dedico a lo que más me gusta…

"desvariar con las palabras escuetas en mi cabeza extraña"

LADRIDOS DE ARQUITECTOS

Ladran los perros callejeros en esta alma desértica, aúllan como lobos presos por el hambre,

El silencio, huésped habitual en este hotel de carne hace ritual en mi alcoba.

Las hormigas han hecho caminos, castillos y reinos.

Ya tu forma de amarme se ha diluido lentamente.

Los últimos recuerdos son fríos y nauseabundos.

Ha muerto el eco frívolo y los gemidos que hacían monarca y dictador a mi amigo, que ahora permanece flácido y dormido.

¡Ladran las hormigas a estos perros que construyen castillos en mi cabeza!

ALOPE

¡NO RESPIRES!

Siento cada latido cerca levantándome e imponiéndome sobre la piel frágil, sobre tu cuerpo rudo…

Siento la tibieza de tu boca moviéndose a los compas de latidos,

siento tu humedad,

tu fuego sobre este animal de paso,

sobre mí,

bestia galopante derramada en tu rostro de ángel.

Luis Carlos Pabón Padilla

 RECUERDOS NEGROS

Tú,

Figura frívola y oscura como la noche me has hecho pecar

¡y no me arrepiento!

Llevo conmigo tu sudor impregnad ni espinos de desierto y es apenas tu mirada visible en mi alma; diosa de ébano en mi mundo de sueños húmedos.

Has vuelto esclavos en mi mente recuerdos donde eras mía y las paredes se fusionaban junto a los sonidos y gemidos de dos cuerpos.

Tus besos cálidos como tu furia me hicieron ver en el infierno paraíso y eras diosa y demonia,

luz y sombra,

y ahora solo inquisición de mi terquedad

 MISTAD...

> "miente quien dice amigo
>
> La amistad verdadera es ilusión"
>
> Anónimo

Que falso es llamarse amigo,

su tonalidad y significado es profundo, ya nadie la toma en importancia...

ella muere lenta, fría, sola, vagabunda;

Miente quien jura pureza, ya la han vuelto infiel, la venden en esquinas y bares.

¡No vengan a hora a tildarme de loco y menos cruel! Soy producto de ti, de ellos, de muchos que vuelven sombra las voces, jurando falsedad mientras sonríen sin valor alguno.

El veneno se expande en mis venas.

La muerte...

¡Madrina, cómplice y alcahueta de mi paso lento...

De mi perfecta venganza!

L u i s   C a r l o s   P a b ó n   P a d i l l a

JOS OSCUROS

Ojos oscuros, sombras que penetran el alma y erizan lo bellos de este cuerpo demente.

Los sueños que percibe mi cama tan solitaria como la esencia misma del viento.

¿Por cuánto tiempo seré presa de tu mirada penetrante?

¿Hasta cuándo tus palabras afectaran lo que piensa mi mente y colapsaran los recuerdos de este almacén humano aun ocupado con todo cuanto lleva grabado tu nombre?

 PEQUEÑO ANGEL

A: J.P.P

Tu mirada tan extraña,

Tan lejana, ha traído recuerdos húmedos de cuando eras alegría en plenitud.

Ahora pérdida en tu mente tan extraña para ti, tan desconocida para ellos, intentan robarte imagen y memoria.

¡Mi pequeño ángel!

 ¿ALFA Ú OMEGA?

Comienzo el baile, rio entre mi como si ya fuera parte de lo irreal;

Penetro tu alma, lamo tus relieves duros aun en lo en la lejanía de mi papilas.

Ahora el ritmo se acelera y no hay control, somos uno y millones al tiempo.

La razón hace pasos, los mismos de nuestra locura.

Luis Carlos Pabón Padilla

OL EXTRAÑO

Siento este sol quemando mi cuerpo.

Mis pensamientos vuelan libres por el paraíso volcánico de mis delirios, mis manos sudan deseando tu aliento,

tus luceros llenos de mí hacen evaporar mis inclinaciones sensatas.

Ahora soy fuego junto a este sol extraño que conquista cada centímetro de este loco dedicado a los pocos sueños,

a los muchos delirios,

a tus recuerdos.

ERECCIÓN MARINA

Extraño el sonido del mar, la calidez del sol en la arena,

la espuma bautizando mis pies y tu boca, tu boca deslizándose por mis labios,

tus manos cálidas y frías erectando mi espíritu.

Te extraño ninfa de las aguas, diosa erótica de mi mundo donde el razonamiento es tan absurdo y reina la bestia, la feroz lujuria de cuerpos bañados de deseo, calor, fuego y aire…

Extraño el mar donde penetré en ti mis sueños llenando de sal tu boca.

L u i s   C a r l o s   P a b ó n   P a d i l l a

IMBO AL TAMBO

Esta muerte celebre y profunda como algunas cosas que no comprendo,

hace casa en mi cabeza y juega con mis sentidos al compás de las olas de este mar que conozco desde el vientre extraño de mi madre de siempre…

He visto sus manos apoderarse de extraños y conocidos sin remordimiento e igual que ellos he emprendido un viaje que solo han observado mis sueños.

Danzo del timbo al tambo buscando un punto que explique su fiesta,

tan oscura a veces,

tan incolora, que me vuelvo alma en pena por ello que llevo presente en mi mente su figura deforme y su risa ausente de claridad.

NFOMANÍA

Muchas veces en la soledad he querido pronunciar tu nombre.

¡Nombres que no conozco! Tantos cuerpos han inspirado mi mente a la lujuria que jamás podría enumerarlos.

Me pregunto si recordarán mi anatomía, si mis letras desfilan por sus memorias o igual hemos sido objetos de esta depravación de mil cuerpos...

¡Yo las tomo y jamás pregunto sus nombres!

Podría intentar alguna manera para recordarlas...

Aunque solo sea curiosidad, pues la verdad, sus nombres no importan.

RDERA

¡Malditas palabras de insolente!

¡Absurda risa de aquellos que poco saben y mucho creen saber!

¡Torpes balbuceos que crean en mis oídos el colapso experimental de las cosas vacías!

Llevo la hoz en mi mano y las ganas infalibles de la enlutada que roba sueños y quiere dominar la fuerza enmudeciendo los ecos producidos por las pocas neuronas y todo lo que dicen llevar en sus cerebros huecos…

Es tan necia la gente olvidando que cargan en sus espaldas la sentencia de muerte dictada por el destino.

¡Malditas voces que traen consigo sordera a mis oídos!

DEMENCIA O REALIDAD

¡Cuidado soy un perro vago por las calles buscando en los lugares oscuros las victimas de mi sed!

Ya no hay compasión en estos colmillos ansiosos de ti que te personificas en cualquiera.

La gente absurda, solo distingue al pequeño cachorro indefenso;

Mientras mis garras y mis sedientos van ocultos bajo la fragilidad de mis ojos.

¡Alumnos honorables de la maldita diplomacia!

Soy bestia perfecta, mezcla de lo altísimo y bajo del universo…

¡Cuidado!

aun no distingo entre noble y plebeya,

no sé si mis huellas en la arena dejan la marca de la demencia o la incierta realidad basada en lo relativo de las cosas que nada saben, encerrando el conocimiento ancestral de lo que ya no existe.

DAMA OSCURA

Princesa de reinos oscuros, reina de esquinas no mencionadas, de voces secretas, dueña de mi cuerpo y de miles.

¡Como disfruto ser parte de ti!

¡Llevo conmigo los movimientos de tus caderas y tus pechos sudando sobre mí!

¡Que antojo poseo de ti!

Tengo mil laceraciones en mi cuerpo por tu osada forma de amar.

Siento mi dureza y recuerdo las noches de dioses paganos, de pactos cargados de delirios,

de mi calor en ti.

Al final no sé donde limita lo que llaman cordura, lo que mi cabeza niega, Lo que mi cuerpo da.

DANCE

Pienso lo que muchos tildan locura, mi cuerpo siendo otro,

mis manos tocando uno prohibido lleno de muchos designios...

¡De tantos secretos!

La realidad,

la basta realidad que poseo es solo fuerza bruta instituida por poderes extraños.

Mis amigos me hacen entrar en lugares pocos transitados por los que jamás viven sus fantasmas y huyen de ellos.

Cierro los ojos y te veo ahí desnuda invitando a mis sentidos al baile demente sobre el fuego.

 INMODESTIA

Pesa tanta inocencia, pesan las risas escapadas en esta noche fría.

Me cobijo con todas las palabras que trae el viento de esa calle más calidad que mi cuarto,

ella habitada por muchedumbre insólita me hace sentir vacio, llevando el peso absoluto de una demencia mas solida que los muros que me detienen preso de miedo.

Quisiera borrar los momentos donde jurábamos descaradamente ante lo alto, lo infinito de nuestro sentimiento;

Ahora la calle es más dueña de ti,

Su brisa juega con tus voces y tú tan lejos de la realidad solo te vez entre castillos y flores, entre aves mecánicas y lujosos peces creados para hacer tu alma tan vana como los cantos dedicados a los muertos.

Yo aquí, en esta escases de compañía aguardo en silencio, espero el día donde sientas la longevidad y reconozcas lo cierto de mis trazos, de mis balbuceos, de lo que hoy consideras simulado, cierro mis sentidos y pido al mago de los ojos esplendentes la pócima para que no pierdas el motivo de todo cuanto te da dicha.

SUEÑOS OSCUROS

Muchas veces en silencio maldigo tu nombre, corro por los laberintos insondables de una memoria terca como la muerte y me vuelvo zombi de inframundo,

Cae la noche... aburrida dama de mil cuentos de corte real y pido perdón al ser inalcanzable del profundo azul, cubro mi rostro cometiendo el peor de los pecados al recordar las letras de tu identidad...

No creas que escribo por tu compasión, sino, para recordar cuantas veces en la oscuridad de mis sueños he querido extirpar tu recuerdo.

L u i s   C a r l o s   P a b ó n   P a d i l l a

N DIFERENCIAS

Hemos sido sombra...

Caminado por lugares poco comunes como si fuéramos dueños de un mundo extraño,

tan extraño como nuestros ojos dedicados a ver lo que mucho denominan locura, aberración,

falta de principios,

moral o sé yo que cosas...

¡Al final qué más da!

Critican si llevamos los zapatos con los colores adecuados,

si nos peinamos bien o mal,

o "si por la maldita manía de la vida el cabello se nos ha ido cayendo" *

Es tan falsa la calle, tan cierta la vida que al final no sabemos si nos une la diferencia a ello o ser tan iguales a todos.

UNDO AJENO

Como otros días camino por estas calles que aún no conozco.

Intento alcanzar aquello que nunca me ha pertenecido como el eco mismo de mis letras.

Este día iluminado por luces extrañas que viajan hace tantos años y solo vemos justo cuando mueren, me llevan eternas repuestas inconclusas,

El color del agua, el brillo en los ojos,

Al mágico mundo de los sueños, a tu besos húmedos,

A tu amor ajeno,

a los miles deseos de hacerte parte de mí,

de sumergirme en la profundidad del universo que viaja cálido en tus piernas…

¡Como otros días humedezco mi cama y beso la almohada!

EO PERPETUO

He vuelto a ser prisionero de ti,

Prisionero de tu cuerpo cálido,

De tus piernas de afrodita.

Soy reo placido y no en vano perpetuo mi condena.

Poco saben los que juzgan por no borrarte de mí,

¿A caso ellos han poseído tu cuerpo?

¿O en sus manos corrió el néctar cálido de las entrañas volcánicas de las cuales eres dueña absoluta?

Nada saben de tus besos prófugos, de tus caricias tímidas mezcladas con deseo.

Ignoran que tu sudor paseaba por mi cuerpo como brisa decembrina y excitaba mi locura al dance más oscuro y frívolo.

He vuelto a ser prisionero de ti y me declaro condenado perpetuo.

 JUICIO LENTO

He recorrido en tu cuerpo los caminos prohibidos,
Penetrado donde la naturaleza señala impropio y es este gemido tuyo en mi mente el responsable de mi excitación.

He hecho cada centímetro tuyo mío, tu dolor, mezcla del deseo que transforma tu ser de niña frágil a mujer bestial hace erguir sin titubear mi afán.

¡Júzgueme la gente de depravado, sucio o quién sabe qué cosa!

Al final no importa si tengo de ti lo que cualquier culto y prudente añora con demencia.

LENO DE MÍ

Cierro mis ojos para verte desnuda.

Imagino tu humedad, tus pechos implorando el favor de un niño tierno aferrado a ellos...

En tanta oscuridad de deseos mi nobleza se erecta,

los latidos aumentan sin control,

mi piel se humedece tanto como en mi mente tu anhelado cráter.

Empiezan a incomodarme estos harapos que me cubren,

me despojo de ellos y en mis manos mi esencia agitándose como mar bajo la influencia de la tormenta surcando las olas del delirio de hacerte mía.

Abro los ojos y tendido sobre mi cama mi cuerpo lleno de mí;

Intento conservar la pasión que has provocado.

Abro mis ojos y ahora desnudo te recuerdo presa de otro cuerpo.

 UEÑO DE TÍ

Estoy pensando en perpetuarte desnuda.

Amarrarte a mi cama como propiedad exclusiva de mi piel.

Te celo del sol que se posa firme sobre tu deseable torso que solo deben mirar mis ojos.

Detesto tu ropa que de forma demente toca tu cuerpo solo es mío.

Estoy pensando en saciarme de ti cada segundo de mi existencia, que tus fluidos sean escriturados a mi nombre y tus pechos grandes como mi sierra sean tocados solo por mi tacto suave…

¡No pienses que soy demente!

¡Oh tal vez si!

Pero hoy ante el altar quedaras como posesión única de mí.

RUTINA

¿Has venido en secreto a visitar mi cama? Has hecho juramentos ocultos a esta pasión enfermiza para muchos, excitantes para ti.

Yo guardo silencio.

Mi dueña acecha bajo el abrigo de mi cama, mientras recuerdo húmedo la noche anterior cuando penetraba tu alma y sin pudor ni tabú dejabas con la lujuria de tu más baja abertura cálida mi boca.

Algo de mi cuerpo se levanta imponente y pide con delirio tus labios,

tu lengua ágil de serpiente.

¡Pero qué más da!

Buscaré en la rutina de mis noches frías el calor que solo provee tu frívola figura.

MÚSICA DE FONDO

Estoy solo, busco poseído por mil risas la palabra perfecta que descifre tanta locura.

Me arrastro en la arena y soy parte de ella. ¿Qué parte de mi te pertenece?

¿Dónde quedó escrito que soy esencia de la poca claridad que habita este bosque llamado delirio?
Shittttt…

¡Has silencio!

Alguien viene a curar lo que no considero enfermo.
Shittt…

¡Has silencio! no murmures, puede ser tu conciencia gritando asidua que hoy valen más las risas grises que los carnavales coloridos donde el mejor disfraz…

¡Soy yo!

SICÓPATA

Es cierto, ya no soy el niño que hacia juegos con las palabras en estos papeles cómplices de mis delirios.

Ya no soy quien escribía de rosas, jardines y castillos mágicos que volaban los aires azules de un cielo despejado.

¡Ya mis manos han deseado derramar la sangre similar a la mía!

Mi mente ha desaparecido de la faz de la tierra mil veces a quienes han causado daño a mi existencia.

Y soy culpable…

Culpable de no haberlo hecho en realidad, culpable de haber guardado silencio, de haber enmudecido las voces que gritaban venganza.

Ya no soy el niño… Llevo en mis bolsillos el secreto de las noches donde era psicópata y demente, ahora soy el demente y psicópata de mis noches.

En ellas silencioso como los sueños hago respetar mi nombre.

Ahora dime tú verdugo de mis recuerdos.

¿Cuándo volverás a cruzarte en mi camino?

¿Cuándo saciaré con tu sangre esta sed demencial?

¿Cuándo llevaran mis manos el triunfo sobre la traición que me hizo estúpido, y bajo mi cabeza?

¡Solo recuerda cobarde! Ya no soy el niño.

TRO CIGARRILLO

He fumado mil cigarrillos pensando en tu ausencia, acabado las mil cervezas de los sitios donde los tontos lloran la amargura que las hábiles como tu provocan.

He perdido tantos amigos como los cabellos que se deslizan cuidadosamente de mi cabeza,

Los he perdido por pronunciar cada segundo tu nombre.

Mientras son felices tus labios en otra boca

¡Eres tan falsa como las malditas esperanzas de tenerte!

He jurado no pronunciar los sonidos que conforman tu llamado, igual no pienso recuperar los amigos que han sido. Ni ahogaré con recuerdos tuyos los días que señalan mi victoria.

OEMA PARA UN ALMA PURA

Hoy culpas mi nombre y bautizas con desprecio y desagrado las palabras que una vez fueron tuyas.

Crees que eres víctima y denuncias con voces impronunciables que he traicionado y es bajeza cuanto he hecho.   ¡Qué ingrata eres mujer!

¿No recuerdas cuando eran tus penas parte de las mías? ¡Cuando tu mirada triste llegaba a mi era tu tristeza tan mía!

No hay cordura en tu mente tan torcida como tu esencia, no recuerdas que era esclavo de cuanto anhelabas; yo jamás pedí nada.

Hoy eres sombra ambigua, Forma disfrazada de la oscuridad más profunda de la noche juzgando mi actuar.

Sigue culpando mi nombre de tus desgracias, ingeniera y arquitecta de tu propia BABEL…

UZ HECHA SOMBRA

Ángel de mis sueños, luz de mis días grises.

¿Cuántas veces te pronunciara mi mente?

¿Cuántas horas logras estar presente en esta cabeza torpe?

Sin remedio día tras día has sido la pregunta sin respuestas.

Busco el momento donde se apagó tu luz dejando de hacer lucido mis soles para eclipsarlos.

¡Sabes! No encuentro respuesta cuerda.

Descendiste de cielo y ahora eres ángel caído,

sombra de mis horas y la tristeza más inmensa de mi alma.

Quisiera olvidar tu nombre, borrar cada letra suya de mi abecedario repetitivo y solo sucede lo contrario,

Aniquilas los caracteres que no conforman tu identidad perturbadora.

Eres de otro, alguien más lleva consigo el calor que antes robaba mis temores, de alguien que no pronuncio son tus besos y tu sonrisa, tus ojos y tus piernas tan sensuales como la luz que se desliza tímida por mi ventana.

Ángel de mis días grises, eres oscuridad en medio de la luz que emana mi suerte.

¡Un día intentaras recuperar tu luz pero estarán tus ojos tan acostumbrados a la penumbra que no te permitirán alcanzarla!

 **No ENTIENDO**

Hay tantas cosas que no entiendo,

las palabras falsas de la gente real,

la urbanidad del mundo sometido a sombras.

Esta maldad disfrazada de bondades y el esfuerzo inhumano de camuflar los actos llenos de cosas olvidadas o permutadas por sueños.

He descifrado otros códigos en esta metáfora… descubierto el hilo que hilvana lentamente los segundos fugaces.

Hay tantas cosas que no comprendo y me vuelvo esclavo de fantasmas propios de libertades cautivas.

María I

Ese dolor que me ata a ti, lastima mis muñecas, arranca de mí los gemidos más inimaginables y me mantiene prisionera.

No sé si es locura o quiero conocer el límite de mi pasión.

Hasta donde llegaría mi deseo de experimentar las cosas ocultas, las que la gente tilda de aberrantes mientras tu látigo lastimando sin herirme y tu voz de militar ordenando movimientos involuntariamente hacen humedecerme sin control.

El calor de mi cuerpo se concentra entre mis piernas y tiemblo, no de miedo sino de ese fuego que revuelve mis sentidos y deseo que estés dentro de mí,

que cabalgues sobre este animal oculto que se revela.

Ya no siento dolor sino que soy una con estas esposas que me tienen presa, con su voz, sus toques fuertes en mi lava volcánica. Con esa seriedad de mil dioses hace que este cuerpo se derrame entero sin ser jamás poseído por tu mas fierra fuerza.

MARÍA II

Ahora vienes a mí,

Cansado del viaje,

de tu rutina diaria,

tu oficina,

el largo y turbulento vuelo,

de las peleas cotidianas con ella,

la que te espera, la que calienta tu cama,

yo aguardo por ti sin saber tu nombre,

te consuelo sin saber si mientes,

escucho tus voces cansadas,

tu voz embriagada por vinos llenos de dolor.

finjo interesarme por todo cuanto dices; pero mis oídos están cansados de lo mismo.

Mis palabras fluyen por inercia y sin ningún valor emotivo, abro mis piernas.

María III

Tomé el taxi escondida de todos junto a ti.

Mi cuerpo temblaba como si esa luz extraña a la que había huido tantas veces, esa risa que mentía en tu rostro inocencia me helara la piel.

Estábamos en un bar extraño para ti y seguía temblando, tú intentando una conquista y mi uniforme también vibraba condenándome lo prohibido, luego tu beso en mi hombro liberó mis cargas y fui dueña de algo que otro esperaba,

dueña de un beso inesperado que soltó palomas en mi rostro y hubo paz en medio de unas melodías extrañas en otro idioma y entendíamos, entendíamos que al otro día mi uniforme me volvería a su sitio, a contestar llamadas a extraños.

Responder el mismo mensaje a otras gentes y tú parado ante mí pagarías la cuenta…

Volví a temblar y un mojito renovó mi ánimo, tú reías con tus ojos brillantes fijados en los míos tan llenos de ¡algo que solo tu habrás visto!

La decisión tomada erizaba mi piel,

Veía tu hombría dentro de mí,

tu alma derramada sobre este sol canela y tu cortejo llevándome a tu mundo, a tu calor,

Luis Carlos Pabón Padilla

tu fuego que anulaba la fría menta de mi mojito.

Luego un hotel,

uno desconocido,

cómplice de mil amantes no guardó secretos, nos calentó del frio, después la luz, el taxi, en el tú y yo,

¡temblé nuevamente!

Mi uniforme alcahuete me culpaba.

Tu habitación, las llamadas, los mensajes y a la hora fijada tú pagando la cuenta, una sonrisa confesaba que aguardarías por mí en otra ciudad, otra cama, unas copas en un bar mágico mientras caía una noche en la cual fuimos un alma, un cuerpo, un latido acelerado, mil historias, una bebida extraña y la esperanza de un nuevo beso.

Luis Carlos Pabón Padilla

 **MARÍA IV**

Siento al amargo en mi garganta y la excitación en mi sangre,

he empolvado las notas musicales, las luces intermitentes de este lugar lleno de extraños.

Percibo mi presa, la próxima víctima que pagará por mi cuerpo.

Tengo la marca oculta de muchos hombres, vertidos sobre mí los fluidos llenos de perversidad.

Inhalo lo amargo y en ello recuerdo la necesidad de poseer los miles olores de los que pagan el precio que han colocado a mi piel,

a la mujer que soy, la dueña de mil noches ajenas.

 María V

El bar está solo,

mi última noche.

La decisión de partida es tangible en mis manos anunciando el itinerario del viaje…

Hoy aun soy la mujerzuela que las damas de afuera odian, sigo siendo esta mujer que conozco.

Llega el dueño de mis próximas horas, es como las luces grises de la distancia,

Trae consigo el peso del mundo como todos

¡Pero él no sabe! Debo hacerlo sentir héroe.

Ya pesa sobre mí el vestido

Quiero hacer mi rutina y callar, desdibujar esta sonrisa tan falsa, como el héroe que derrama sobre mí sus locuras.

Ya no soy la niña aquella llena de fantasías,

ahora soy el sueño de aquellos que mañana perderán mi cuerpo…

Vuelvo al bar… la soledad ahora más permisiva, una copa y en ella los besos de todos, los cuerpos de todas… Mi despedida.

ORILLA DESCONOCIDA

Esta soledad llena de ti, de tu cuerpo lleno de mí, anhelando tus besos ahora de otro en ese mundo que tantos añoran y tú posees… mi corazón late al recordar lo que aun considero mío y otro tiene por propiedad.

Tus palabras sentenciaban perpetuidad y ahora son tan frágiles ni las cuerdas que nos unen a esta vida fugaz.

Seguirás en mí y mi barco aguardará por ti en esta orilla con el mismo furor de tu ausencia.

DICTÁMENES

Hoy quiero soñar con los universos posibles,

Con tus besos ocultos, tu amor entre sombras bañado por los rayos grises de mi amor silencioso.

Anhelo poseer entre la multitud de mis palabras la dosis mágica de tu cuerpo.

Es mi deseo penetrar enteros en ti cada sorbo perdido en la bruma sobria de los difuntos dictámenes, de cada gesto sentenciado a la penumbra,

Al destierro, al amor oculto.

¿QUÉ MÁS DA?

Siento impotencia en esta realidad llena de tantas caras, llena de miedos y mucho silencio.

Guardo tus besos en secreto,

lacero sin temor mis labios mientras recuerdo tu saliva cálida en mi boca,

pero es solo eso, recuerdo indomable que penetra mi memoria acostumbrada a su rebeldía.

Quisiera ser pare de ti, de toda la adrenalina que desenfrena tus pasos,

pero solo es eco absurdo en un vacio de innumerables nombres.

Te asemejas a mi pasado y eres parte de mi presente inconcluso, podría mentirme, cerrar mis ojos para que no delaten que revuelcas mis deseos,

que eres parte de mis sueños mientras camino por las calles empapadas de nada y sedientas de ti…

Lamento no ser quien buscas, quien lleva la experiencia marcada por los años vividos… pero soy real;

real como mi nombre, como estas ganas fieras de tenerte en mí, en mis latidos, en mis sudores provocados por mis miedos, en estos labios que fueron tuyos por segundos confusos, en espejismos desérticos de mi alma sedienta.

Siento mi impotencia clausurar mis palabras que gritan en silencio lo poco que importan los juicios lanzados por seres que poco saben de ser humanos…

Quisiera llevarte a ese mundo donde todo es posible, donde la realidad no limita los sueños;

pero el mago egoísta del tiempo robo las llaves que un día tuve de ese sitio que aun recuerdo.

Cierro mis ojos y te observo tan distante y rio sin saber que significa ese gesto de libertad.

Vacíos

¿Es la vida más que el aliento?, solo es un suspiro cargado de amaneceres muertos, de sombras degradadas por la no presencia. Encierra miradas falsas, venganzas escondidas y husmeadas por los que poco saben de los ojos llenos de luz.

Hoy jugaré con el niño que perdí en las canchas polvorientas del barrio olvidado con los años, surcaré las montañas preso del pánico a la madre monte que no existe.

¡Ahora jugaré una nueva partida con esta vida llena de nada!

CONFESIÓN

Intento encontrar en mi memoria las cosas viejas de los años, te recuerdo tierna y frágil,

te recuerdo en caminos diferentes y entregados a mil lujurias juntas.

Te recuerdo ahí junto a mí como mi confidente, como cómplice de locuras y alcahueta de pecados compartidos…

Pero hay algo diferente ahora.

He dejado de recordarte y empiezo a verte como parte de mis demencias, como complemento loco de esta sed de mil cuerpos reposados en el tuyo,

no niego que me he vuelto un tanto psicótico,

un poco esclavo de tantas palabras dichas y juramentos perdidos; pero qué más da, si tu acuerpo ahora ha sido mío, si tus sueños antes de otros y siempre míos han pasado a producir sudores bañados de alcohol en una cama alquilada o simplemente he empezado a desear tus labios antes vírgenes y sagrados…

Vírgenes y sagrados para mí…

Otros pueden verte, tocarte y amarte en los delirios de fines de semana… yo guardo silencio, purgo mis deseos en parte pecaminosos, en parte sagrados… para llevarlos a paraísos lejanos, a sueños perdidos en el tiempo y recuperados en horas fugaces que luego lo vuelve a llevar siglos y kilómetros de mi…

Ya no soy el niño como lo he escrito antes, ya no soy inocente y mis actos van presos y sujetos a mi voluntad.

Cierro mis ojos huelo una prenda obsequiada como cualquier otra que has dejado en mis manos, pero esta solamente me recuerda que un día,

tal vez pronto, o tal vez lejano, estarás ahí, en mi cama,

en una ajena, prestada, alquilada o permutada volviendo a ser mía,

volviendo a marcar en silencio los besos y anhelos que luego culparán al alcohol con la misma demencia de nuestros deseos.

Intento pensar diferente, pero estas ahí como sombra indeleble de este corazón preso del miedo.

PERPETUIDAD

¿Qué palabra pueden pronunciar mis labios que no te posean?

¿Qué puede habitar en este demente que no recuerde tu nombre grabado en mí?

Hemos sido el mismo y diferentes, disgustado y distanciado los latidos que nacieron juntos, y al final lo mismo,

el sentimiento seguro de lo eterno,

las palabras profundas que encierran verdades que sentencian lo seguro de las cosas invisibles para otros, reales para nuestras almas,

¡Qué locura la vida!

¡Qué demente los sueños!

¡Que justa la unión de tiempos extensos a los ojos que jamás olvidarán nuestros nombres!

JOS DE MADRE

P.A. C.

Que viste en mi con tus ojos de madre tierna? Llegaste silenciosa y sin decir nada penetraste los rincones más solos, me diste luz e hiciste mis pisadas seguras…

Poco saben los que te juzgan del ángel que escondes, la forma del altísimo de mostrarte la grandiosidad de las pequeñas cosas. Has inspirado en este loco la fuerza y constancia el no rendirse en medio de la guerra aun cuando parece perdida…

¿Que viste en mi?

Elegiste ser mi abrigo sin tener porque o por lo menos sin yo entenderlo fabricando palabras en mi mudez y sonrisas en mi tristeza…

¿Que viste en este ser lleno de nada? ¿En este zombi que le diste vida? Solo hare silencio y pediré a lo alto bendiciones eternas y felicidad constante… mi madre voluntaria, apoyo constate de este loco de mil letras.

CASTIGO

Otra noche en soledad,

otra noche cargada de deseos.

Mi cuerpo pide tu boca cálida en la abertura cálida de mí.

Mi alma se levanta y palpita pronunciándote en silencio, entonces imagino tu espacio que ha sido mío y los pálpitos se aceleran,

luego mis manos,

mis ojos, mi saliva,

mi piel, bailan al ritmo del mar, Venus y Afrodita.

¡Es Gomorra tanta locura!

Grita mi lujuria y en mis manos mi cuerpo y tu derramada en mi propia esencia…

en la baja secreción del deseo sublime de poseerte.

CORTEJO

Esa luz, el brillo en tus ojos me lleva a otros tiempos, otras edades donde éramos uno,

no soy capaz de percibir algo más, solo tu cuerpo,

tu voz penetrando mi alma sin poder escapar.

Viajo con tus rayos a la más cercana de las noches y vestido de otra forma, hablando otra lengua,

en una geografía extraña te hago mía, pero todo es diferente, es un ritual, una danza de cortejo como las aves.

No soy solo deseo y pasión, soy caballero y tú: delicada dama…

Te veo así y late mi ser, mientras,

tus ojos ahí, inmóviles penetrados en los míos me hacen sentir que estas presente en este viaje,

que has subido al mismo tren y llegamos a nuestro mundo… desato el cordón que modela tu cintura,

tu pesado vestido se aliviana y mi fuerza crece.

Ya he danzado, hecho todo lo que en ese mundo parece necesario para ser tu esclavo…

Tu piel suave, cálida muy cálida y más cálida aun. Tu sexo húmedo y más húmedo.

Yo dentro de ti, siento el fuego, el mar desbordándose como rio grande erizándose como bestia salvaje;

es el momento esperado, la culminación del más sublime de todo lo existente.

¡No te alejes, espera!

Vuelvo a lo real y mi cuerpo lleno de mil sudores solo ve el tren que ha ocultado tu rostro, tu cuerpo, tus ojos de mis ojos sin saber si en otro universo volveremos a poseernos.

LA OTRA TRAS LA VENTANA

Todos los días me detengo aquí, en esta estación donde te vi por última vez, Cierro mis ojos y recuerdo tu silueta, tu sonrisa entre mil, tus ojos que me detuvieron el tiempo, tu cabello negro liso como mis sueños sin ti, y estas ahí entre muchos y espero bajes del tren y me beses como antes, me llenes de esas caricias secretas por miedo a los que no conocemos y te acompañan en tu partida.

Miro tus ojos llenos de lágrimas escaparse nuevamente mientras los vagones de tu libertad se alejan volviéndome prisionero de mi miedo.

Maldigo las veces que no grite que eras lo que anhelaba mi cuerpo y mi alma…

Tal vez jamás te bajes de esa máquina que recuerda mi cobardía… en ocasiones te he seguido, monto el vagón siguiente, te observo, ríes, hablas como si fuera a mí, intento acercarme que veas que estoy ahí, que es diferente pero mis pies vuelven a quedar pegados como el día que tus ojos gritaban que no te dejara marchar…

Por fin decido hablarte pero el tren abre sus puerta y vuelvo a dejarte ir… cuando bajo a buscarte te has perdido entre la multitud.

Creo que es el precio por no haber sido yo,

por temer a mi padre que no creía que eras la persona para mí,

a mi estúpida vecina que me miraba sonriendo y te hacia mala cara cuando entrabas y a todos las personas que no conozco y tu jamás conocerás…

Pero de que valen estas palabras frías, ya es pasado ya estás en otro tren,

otro mundo,

en otros brazos y yo buscándote entre los fantasmas de mi memoria terca.

Vuelvo a la esta estación, en ella los miles zombis de la vida y en ellos yo.

No sé que ha sido de ti, solo sé que ya no soy yo, ahora soy quien querías y no estás, sé que es tarde, estas lejos, acepto que perdí y me espose con esta cobardía que no me deja encontrarte…

¡Pero te veo, eres tú, real, no son los fantasmas que mencione antes!

Estas ahí frente a mi pero otro toma tu mano y son libres sin miedo. No tengo derecho a dejarme ver he aprendido a amarte…

mejor subo al tren…

Me ves y entiendo tu mirada, eres libre comprendo que no hay límites ni mascaras para el amor. Ahora soy yo la otra persona tras la venta.

¡STE SOL!

a L.P.

Que palabra pronunciaran mis labios donde no estés, que canción no llevará el mensaje subliminal que te recuerde en mi memoria.

He subido muchos montes, viajado miles de kilómetros para tenerte, he inventado miles garabatos tratando de plasmarte eternamente en esta oscuridad producida por tu ausencia...

Y estas ahí en todo cuanto tengo, en todo cuanto conozco... ya soy reo de ti... de tu sonrisa pérdida, de tu voz distante, de los sueños poseídos por   ti. ¿Serán tus besos míos aun?, ¿tu cuerpo deseará con demencia mi calor?

Guardo silencio y espero... guardo silencio y ducho en frío mis deseos...

Sol extraño, azul como el mar que ya no veo en esta montaña llena de tu calor... mi ser entero esperará por ti mientras mis ojos te recuerdan en una ciudad antigua donde vuelan los Pegasos.

L u i s   C a r l o s   P a b ó n   P a d i l l a

 **MUNDO MAGICO**

Siento tu mirada en silencio erizar mi cuerpo,

En la distancia de tus manos y el vacío entre nosotros,

Miedo,

Has sido refugio en mis desventuras y en las horas de tu compañía he sido rey de universos paralelos,

he inventado en mis horas de tu ausencia un mundo mágico donde nada importa, donde las olas del mar nos acarician cómplices de nuestras locas ganas de amarnos y la arena se fusiona a ellas para no dejarnos solos…

Luego vuelvo a la rutina de mis días, donde mi dueña látiga sin piedad mis ganas de besarte y te busco en sus besos y no estás, en sus caricias dista tu calor, entonces Ancio nuevamente las horas que le robamos al tiempo en nuestro mundo mágico.

ADURAS

¨Partiré, me alejare hacia las montañas donde las olas del mar no traigan a mí tus besos, tus toques ni tu aroma,

tal vez sea cobardía, orgullo o altivez querer para mí el cielo; tú solo eres tierra y poco hay en tus bolsillos.

¨No pido mucho, solo que posees poco¨

esas fueron las ultimas voces susurrantes en mi oídos.

Lo último que vieron mis ojos fue su brazo prendido de otro,

joyas reflejadas por el sol encegueciendo mi vista.

Y su recuerdo atándome a este bar,

a este club de eterna bohemia.

IS OJOS EN TI

Es esa mirada extraña, negra, penetrante, la que distorsiona mi mente;

El color de tu piel, la suavidad de tus manos me hacen ignorante y peco,

desobedezco las ordenanzas de mi vieja sabia y prudente y entro en esos agujeros negros que succionan mis vocales y consonantes como si fueran luz enmudeciendo mi lengua.

Entonces, con mis pupilas ancladas en ellos tiemblo, la sudoración es imparable en mis manos, parezco un papel flotando en el viento, viajando a lugares llenos de posibilidades, de sueños, de pasiones prohibidas, de deseos, de fuego;

Sé que puedo perder el juicio y trato de liberarme de ese hechizo visual que poco comprendo...

¡Vuelvo a mí y sonrío! ríes como si los segundos de mis ojos en tus ojos hubiesen mostrado mi miedo, mi mudez, mi sudor.

 **EL GATO**

Camino silencioso,

mis patas marcan la huella fresca en la arena,

miro en medio de las sombras tus movimientos felinos, tus pelos sedosos y tus garras fuertes y engañosas;

tu timidez me atrae, la elegancia del dance de tus caderas me llevan al pecado.

Mientras tocas el agua con temor, mi piel se enrojece, mi maullido es más agudo y mis pupilas dilatan tu forma clásica, clandestina, misteriosa, frágil…

¡Me acerco a ti y en un instante,

un suspiro,

tus garras en mi cuerpo,

mi alma, tus ojos,

un adiós, la eternidad, mis vidas!

Luis Carlos Pabón Padilla

AMA VACÍA

Mi cuerpo un poco rudo, un poco acostumbrado a los mil sabores, a los mil y un aromas,

Extraña ese fuego que hacia levantar imponente a mi cómplice de pasiones prohibidas.

En la distancia veo tu rostro marchito por el tiempo, tus cabellos caídos como hojas de otoño y esta humedad tibia en mis ojos añorando tu túnel más cálido aun que el infierno, más agradable aun que el Olimpo...

Podría decir sin mentir que tu gemir es la voz pura y fuerte de cualquier diosa existente,

Que tus ojos brillaban como lava volcánica en mis pupilas y tu piel era parafina liquida, aroma de jardines colgantes, de praderas encantadas,

Que en tus labios conocí la escalera y elevador al cielo y en tu forma y mi forma de poseernos fuimos dioses y demonios, ninfas y narcisos, reyes y plebeyos.

Por eso ahora mi cuerpo en esta cama sola, cálida, vacía se extrémese en la complacencia propia y las olas agitadas y desenfrenadas de mis manos que aún conservan la imagen única de tu silueta perfecta...

LLANTO POR LIBERTAD

Estabas ahí, la brisa era triste,

te miraba en la marcha gris, fría, sobria y tenue como el llanto fuerte de los débiles.

Seguía tus pasos, mi Mano estaba sobre tu hombro en la distancia real de la multitud; en mi silencio tenia mil palabras mudas y en mis ojos las expresiones sinceras de quien a sido confidente y alcahuete de fiestas y risas.

Ahora tu llanto era mío,

tu dolor helaba mis huesos, bloqueaba mi lengua;

pero aun así ordenaba a mis pies a seguir a los muertos que llevaban cargado a quien ahora era libre, distante, viajero de una realidad más basta e incalculable…

tu vestido negro, tus ojos caídos, tus movimientos perdido me hicieron frágil, examiné otras vidas, otras realidades, otras posibilidades y otros jardines donde robé flores y sonrisas para mostrarte que aunque lo querido parta, sigue la vida, los colores, la fiesta y que en la bastedad donde moran los sueños reina la paz, la esperanza, y el cuidado para los pobres mortales que disfrazamos con fiesta nuestra falta de libertad.

M OSCURIDAD, TU JUSTICIA

He perdido el tiempo queriendo volver al paraíso,

gastado la eternidad de mis años buscando la forma de pertenecer a tus mundos;

pero solo es este, mi premio o mi castigo,

esta sombra que cubre mis alas no permite ver el brillo que trascendía los horizontes celestes innombrables por las vistas perdidas de aquellos que no descifran el tiempo.

Me he vuelto el cruel y el verdugo de quienes has amado,

mi ira ha ido carcomiendo las voces nobles que en otros tiempos producían notas sublimes a tus oídos,

ahora mis alas enormes bañadas por polvo de estrellas están sujetas a cadenas perpetuas, a juicios justos por mis actos desobedientes,

mis ojos luceros crisolitos de un espacio eterno están oscuros, fríos, bañados por la poca luz que habita mi corazón lleno de odio por el destierro, por la inconformidad con tu poder,

tu amor, tu justicia perfecta

¡QUE COMIENCE LA FUNCIÓN!

En la noche se escuchaba la voz de un payasito,

¡Que comience la función! ¡Que salgan los lobos al banquete, hoy las
ovejas duermen!

¡Que invento! poco he visto a lobos comiendo ovejas, más que en cuentos e historias infantiles;

Pero si al hombre destruirse entre sí,

aniquilar sueños,

destruir fantasías y destrozar familias en la agonía de la supremacía,

porque es más agonizante el deseo de poder que las ultimas horas de un cáncer.

El payasito luego dice…

¡Ha comenzado la función, los lobos despertaron a las ovejas y ahora bailan juntos el Danubio azul!

Mientras…

El hombre, prepara las armas para matar a los lobos

y la parrilla para colocar sobre ella a las ovejas en celebración por destruir un depredador…

Luis Carlos Pabón Padilla

RUCE

A: A.G

Es cierto, cruzas la línea de lo normal, llegas a mí como sombra perdida en el viento,

como rayo de luz oscura y llenas de deseo mis palabras, envenenas con dulces silencios mis deseos fieros y con siluetas dibujadas en tu rostro convences de posibilidades extraviadas a mis sentidos...

Eres siempre quien posee las llaves de mi cuerpo, el mapa que guía a mis sentidos al éxtasis mágico y envolvente de mis sabanas,

no mienten mis palabras ni mis letras, porque llevan gravadas fantasías de mundos creados en nuestros escasos momentos robados a la libertad.

Momentos en los que uno de los dos decide cruzar la línea para encontrarse con un cosmos de posibilidades en la pequeña galaxia de nuestros ojos.

LUETA

Te vi tras el velo de una ventana extraña,
Estabas ahí pérdida entre la multitud de mis fantasmas,

susurraste algo que poco comprendí tocando esa fibra perdida de mis sentidos un tanto sicóticos.

Quise,
anhele,
desee tu cuerpo y enmudecí en medio de los espectros criminales de mis días olvidados.

Viví en tus ojos negros,
grises,
azules,
verdes
marrones
diversos pensamientos que me hicieron esquizofrénico,
dueño de esa figura tan distante como las palabras que se tragó mi voz.

Te vi entre la niebla y morí lentamente.

EGRESOS

Todo ha vuelto a ser real,
el canto de los pájaros,
el sonido del mar,
la risa de los pequeños tras las olas,
el vuelo coqueto de las gaviotas
y mis ganas de poseer de ti todas las voces,
gemidos y sudores mientras somos uno.

Todo ha vuelto menos tú.

UELO

Me gustaría ser ave migratoria,
volar por instinto hasta la próxima parada,
saber que todo puede pasar sin detenerme,

desplegar las alas hacia el viento,
planear sobre el aire dueño de la altura y tus ojos perfectos.

¡Me gustaría, solo que mis alas están rotas!

Luis Carlos Pabón Padilla es un soñador nacido en Santa Marta Colombia, desde niño ha jugado a ser escritor, a dejarse llevar por los mundos paralelos que habitan en su mente y en su terca memoria como la llama en varios de sus escritos.

Amante de la poesía de Meira del Mar e influido por algunos escritores Samarios Luis Carlos Pabón Padilla escribe de diversas cosas, del erotismo que se arraiga en cada ser desde el momento de su fecundación, de la vida y la muerte, de las cosas que se pierden en el momento que se deja al niño que siempre deberíamos ser, del mar, de la sierra y todo lo que habita en esos mundos paralelos poseyendo las llaves para entrar, salir, crear y destruir.

Terminó sus estudios de secundaria en la I.E.D. Cristo Rey, Egresado del SENA Regional Magdalena como Tecnólogo en Administración Turística y Hotelera.

Participó en los talleres literarios de la Fundación Huellas Caribeñas y en Recitales y eventos literarios de la ciudad de Santa Marta.

Libros inéditos:

Poemas:
Palabras escuetas

Novelas:
Yoruxa Los Cristales sagrados
Sueños inocentes
Jabes y el fuego sagrado
Las botas amarillas

Luis Carlos Pabón.

ISBN

9 789584 649621

www.ingramcontent.com/pod-product-compliance
Lightning Source LLC
Chambersburg PA
CBHW040742250626
47164CB00001BA/6